LE FUSAIN

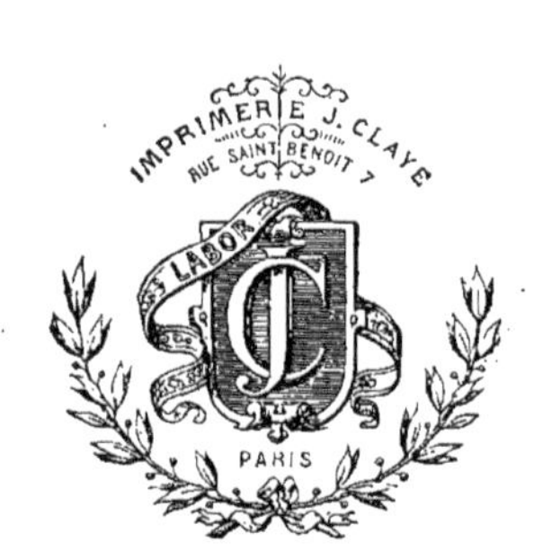
IMPRIMERIE J. CLAYE
RUE SAINT-BENOIT 7
LABOR
PARIS

ALLONGÉ

LE FUSAIN

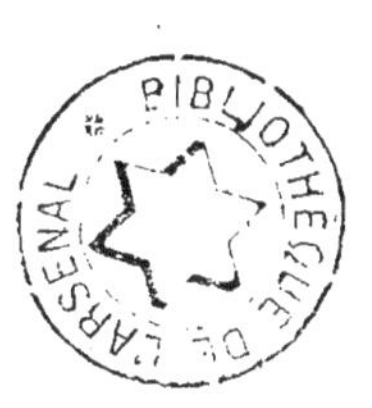

PARIS

GEORGES MEUSNIER, ÉDITEUR

27, RUE NEUVE-SAINT-AUGUSTIN, 27

—

1873

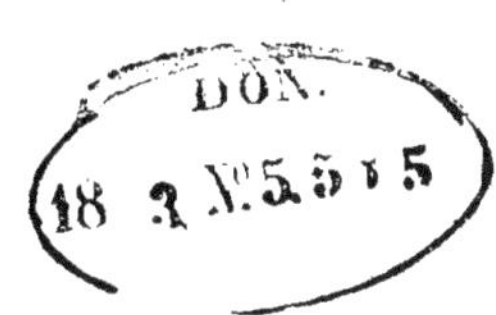

LE FUSAIN

J'ai bien longtemps hésité avant de prendre la plume, car, malgré tout le désir que j'avais de fixer mes appréciations, de développer ma manière de voir à propos de ce genre coloré qu'on appelle le fusain, je craignais que l'on ne m'accusât de prétention littéraire.

Les lignes qui vont suivre vous prouveront combien c'est peu mon affaire d'écrire, et que cette brochure n'a qu'une intention : détruire l'apparence de procédé, qu'une partie du public veut y attacher, prouver combien la vogue et le charme qu'ont ces genres de dessins ne sont dus qu'à leur approche immédiate de la nature et à l'expression juste de l'air et des valeurs qui sont, avec la forme, qui est la base de tout, la peinture entière.

Les anciens peintres ne s'étant servis la plupart du temps du fusain que comme un moyen d'esquisser leurs cartons ou leurs toiles, la masse dans la suite a toujours considéré ce simple crayon de charbon comme un moyen commode pour fixer sa première idée ; pouvant s'effacer facilement, demandant donc peu de précautions, et donnant par conséquent la liberté nécessaire aux variations de l'imagination.

C'était le crayon naturel, car l'enfant l'affectionna de tout temps, pour tracer plus ou moins naïvement ses pensées sur les murs.

Ce point de départ ôta au fusain pendant de longues années l'importance qu'il pouvait avoir dans l'art du dessin ; ce début retarda la première place qu'il devait prendre, après la peinture, comme moyen d'arriver à des effets, comme ressource presque seule de chercher les valeurs, qui donnent la coloration au dessin, et sans lesquelles rien n'est vrai, rien n'est bien.

Il faut avouer aussi que les crayons de fusain n'avaient pas atteint à cette époque le degré de perfectionnement auquel ils sont arrivés et qui permet d'obtenir une grande variété de noirs, de gris, des tons passés largement et les plus grandes finesses.

Le public, qui dans le commencement de ce siècle a été habitué à voir des modèles de paysages sans ciels ayant pour ton de lumière pour tous les objets le blanc de papier, a eu de la peine à comprendre l'importance que ce dessin charbonneux devait avoir dans l'art du paysage surtout et la place qu'il devait arriver à y prendre.

Malheureusement, les artistes eux-mêmes de cette époque, qui avaient bien voulu se dévouer à exécuter des séries de modèles, avaient franchement ouvert une voie complétement fausse, et qui devait tromper, pendant bien des années, ceux qui n'étaient pas doués d'une manière toute spéciale, et qui alors, malgré ce mauvais point de départ, arrivaient, par la force de l'observation, par l'appréciation juste de la nature dans ses valeurs et dans ses tons, à être des peintres, et devenaient les Corot, les Diaz, les Rousseau, les Daubigny, les Dupré, etc. Ils créaient alors l'école moderne, qui a poussé si loin la coloration et l'effet dans le paysage.

Mais ces natures d'élite ne font pas la masse; aussi combien de temps lutta le public égaré, ou plutôt ignorant, contre ces colosses modernes, qui se virent forcées d'initier peu à peu ce public, si éloigné du vrai, aux beautés de la nature que les valeurs seules pouvaient rendre.

Pourquoi était-il si difficile de comprendre et d'admettre ce qui maintenant nous paraît si naturel? parce que la routine et la mauvaise éducation faisaient loi.

On eut beaucoup de mal, car l'ornière était profonde, et si maintenant des amateurs même sont dans le bon chemin, grâce a une éducation meilleure, à des observations sérieuses de la nature, grâce enfin à l'étude des rapports des tons entre eux, une grande quantité de gens errent encore dans cette voie fausse et ne peuvent arriver à comprendre les beautés du paysage moderne.

Notre devoir est donc d'initier le public et de lui faire partager, en l'éclairant, toutes les jouissances que nous donne la recherche du vrai.

Je dois vous sembler m'écarter de mon sujet, le fusain, et c'est pourtant le seul moyen de faire comprendre son importance et sa supériorité sur les autres genres de dessin. C'est la manière la plus complète pour les recherches qui amènent à faire un peintre, et non cet être sachant crayonner plus ou moins adroitement sur un album le petit paysage de convention, sans couleur, sans valeurs, que nous retrouvons malheureusement si souvent dans ces recueils que l'on nous fait quelquefois subir le soir dans un salon.

DES VALEURS

DES VALEURS.

Permettez-moi, lecteur, de vous traiter comme
quelqu'un aimant la nature, la campagne, la peinture même , mais ayant sucé ce mauvais lait des
faux principes dont j'ai parlé tout à l'heure : c'est
un moyen de me forcer à tâcher d'être aussi clair
que possible, à vous exprimer en peu de mots, et
de manière à bien vous les faire comprendre, ces
bases de toute la peinture, que nous appelons *les
valeurs*; de plus, à vous prouver que le fusain est le
moyen le plus complet pour faire un dessin coloré.

Le dessin étant monochrome, son mérite principal est de rendre fidèlement les rapports des tons

entre eux, naturellement, après avoir établi la forme générale et disposé par des lignes simples l'enveloppe des principaux plans ou principaux objets qui composent votre paysage.

Les objets qui composent un paysage, ciels, arbres, terrains, eaux, maisons, etc., étant de tons différents, restent, quoique éclairés par la même lumière, le soleil, différents entre eux ; vous avez pu remarquer qu'un chemin battu et blanc est naturellement plus brillant (ou du moins plus clair pour le dessin) que le vert le plus éclatant d'un arbre, ou la tuile la plus rouge d'une maison.

Vous avez pu remarquer de même, par un ciel pur et bleu, que le mur en plein soleil, se détachant sur le ciel, est bien plus clair que ce ciel lui-même d'où lui vient pourtant sa lumière.

Eh bien, c'est la base principale de la peinture, et si vous vous êtes rendu compte de ces observations, vous êtes peintre, ou susceptible de le devenir, car alors vous voyez juste.

Pour rendre par le dessin ces rapports que nous

appelons les valeurs, il faut donc d'abord en faire l'appréciation, puis trouver le moyen le plus facile pour les rendre, mais les rendre promptement, car nous tournons, et l'effet change vite. La forme change, l'ombre portée s'allonge, le ciel se colore, s'empourpre, le coucher vient, et malheur à qui prolonge trop son étude, car, ayant passé par différentes phases de l'effet, elle perd naturellement son unité.

Le fusain remplit donc dans ce cas-là toutes les conditions, car, facile à employer pour répandre promptement sur votre papier de grands tons simples qui fixent de suite les bases principales de votre effet, il vous met à même d'achever votre paysage, sans qu'il ait changé de forme ou d'impression.

Ensuite, justement par cette facilité de répandre promptement un ton, nulle paresse de donner au ciel sa valeur (ou son ton, si vous aimez mieux); de là cette possibilité de faire de la couleur avec un crayon noir.

Vous devez déjà comprendre l'importance de ces valeurs, par conséquent le danger de copier ces pauvres paysages adroitement esquissés, mais qui, ayant le papier blanc pour ciel, qu'il soit bleu, gris ou blanc, retrouvent ce papier et sa couleur pour exprimer le brillant du chemin, le vert de la feuille au soleil comme le ton sourd du tronc de l'arbre, les clairs du chaume et de la brique, comme les éclats de la pierre et du plâtre.

De là notre étonnement du temps qu'on a mis à se rendre compte d'une chose si simple et si écrite, au point que maintenant encore, dans nos lycées et même dans nos écoles supérieures, ces modèles erronés servent de base à l'éducation du dessin pour des enfants et presque des hommes.

DE L'EXÉCUTION

DE L'EXÉCUTION.

Il est une chose qui préoccupait et qui préoc-
cupe encore souvent les amateurs, c'est le moyen
que l'on emploie pour arriver, dans le dessin au
fusain, à des effets aussi variés, à une exécution
qui semble changer de manière selon les objets
qu'elle veut interpréter.

Beaucoup croient que savoir de quel papier, de
quel crayon, de quel grattoir, etc., nous nous ser-
vons, c'est avoir déjà la moitié du secret; car,
dans ce cas, on croit toujours à un procédé, hor-
rible mot en fait d'art.

Surtout, pour le fusain, on suppose une série

complète de petits moyens semblables à des recettes,
et l'élève s'occupe beaucoup de ces détails de l'exécution, qui n'ont jamais été pour rien dans l'art,
et qui ne seront toujours que très-secondaires dans
les vraies reproductions de la nature.

Je comprends que cette variété, qui existe dans
l'exécution du fusain, fasse naître de telles erreurs ;
mais pourtant c'est toujours avec peine, et cela
m'est arrivé souvent, que je vois venir à moi des
personnes me demander surtout quels sont les
matériaux que j'emploie pour ce genre de dessin.

Je m'empresse alors de leur dire qu'il suffit de
regarder la nature, de bien l'observer, et que l'on
se rendra vite compte qu'il est nécessaire de ne
pas exécuter tous les éléments différents qui la
composent par le même moyen ; que, par exemple,
un ciel doit se rendre autrement qu'un terrain, car,
quelque brutal dans son effet que soit un ciel, il
semble toujours loin de nous ; il est composé d'air
et de vapeurs plus ou moins considérables, se
modelant ou fuyant, mais demandant toujours une

grande finesse d'exécution ; tandis qu'un terrain, même le moins âpre et le moins sauvage, demande une certaine fermeté, souvent même de la brutalité, pour arriver à la solidité qui lui est toujours nécessaire.

Ensuite, un arbre, qui, au premier plan, a besoin d'une certaine franchise d'exécution et doit, autant que nos ressources nous le permettent, avoir ce modelé dans les masses, cette vibration dans l'air et la lumière qui l'enveloppent, au second plan se simplifie déjà, et au troisième rentre souvent dans la neutralité des fonds comme exécution.

Je dois dire à ce propos, car on n'y pense pas toujours assez, que, de même que les objets diminuent de grandeur à mesure qu'ils s'éloignent de nous, de même le travail et les touches qui doivent les rendre doivent diminuer autant. C'est l'égalité dans l'exécution d'un plan à un autre qui fait que si souvent, sans vous rendre compte de suite pourquoi, un paysage vous semble monotone, faux comme plans et manquant d'air et de profondeur.

Pour revenir à la variété nécessaire dans l'exécution, selon les objets que nous avons à rendre,
nous avons les eaux, par exemple, qui demandent
à être traitées d'une manière toute différente, et
c'est la nature elle-même qui nous l'indique ; car,
soit que dans son calme elle reflète exactement les
objets qui sont sur ses bords, soit que, courant ou
frissonnant par le vent qui vient caresser sa sur-
face, elle se ride ou arrive, comme en mer, à for-
mer la vague, c'est un élément que l'on sent bien
exiger un travail spécial.

Vous comprendrez, je pense, facilement que la
nature se composant d'éléments aussi divers, un
moyen fixe ou des procédés seraient complétement
impossibles pour se plier à toutes ces variétés.

Seulement, le fusain étant par lui-même un
moyen souple et facile à employer dans la simpli-
fication des plans, on est souvent tenté de croire
à un tissu de ficelles, permettez-moi le mot.

On doit pourtant savoir que l'on peut mettre
l'orthographe avec de l'encre rouge comme avec

de l'encre noire, et que ce n'est pas la plume qui fait le style; eh bien, malgré cela, vous trouverez des personnes qui en prenant cette brochure croiront trouver un petit manuel du fusain avec les adresses des marchands où l'on se procure des estompes à bien faire les eaux et du papier à bien faire les ciels.

Loin de moi cette idée, car, bien au contraire, c'est la défense du fusain dans ce sens de procédés que je veux prendre, et je veux arriver à bien prouver que, si j'aime, développe, répands le plus possible ce genre, c'est surtout parce que je le crois le meilleur pour interpréter la nature dans sa couleur et ses valeurs.

Certes nous pouvons dire à celui qui, sachant dessiner, n'a jamais essayé de ce genre, qu'il faut prendre quelques précautions, en répandant ses premiers tons sur le papier avec un fusain légère-ment usé à plat, afin d'éviter les rayures qui dans un ciel seraient souvent gênantes. Après avoir répandu le fusain comme nous venons de l'indiquer, on peut l'écraser avec tous les doigts réunis, ou la paume de la main, en tournant de manière à réunir tous les traits du crayon et en faire un ton simple et dégradé; si les traces du crayon résistent, on peut employer un morceau de linge ou de flanelle. Ceci peut servir surtout pour la préparation d'un ciel.

Ensuite, ayant mis son paysage en place, autant par des tons que par le trait, vous cherchez dans votre motif quel est l'endroit le plus vigoureux et la place la plus lumineuse ; vous établissez celle-ci par une touche enlevée à la mie de pain, et l'endroit vigoureux, en le posant avec un fusain tendre : j'ai dit en posant et non en frottant, car il est bon de faire observer que toutes les fois que vous voudrez obtenir au fusain une grande vi-ueur, il faut, autant que possible, l'attaquer franchement et du premier coup.

Une fois ces deux principales notes arrêtées vous devez esquisser par grands tons simples les fonds et les eaux, s'il y a lieu, qui doivent réfléchir votre ciel comme ton dominant.

Pour les arbres et pour les premiers plans, il est souvent bon de ne faire que caresser le papier, pour profiter du grain qu'il peut avoir et des effets que ce grain peut vous donner.

Mais ce qui me force à condamner des papiers qui auraient un grain trop fort, ou formant des divisions régulières, c'est que je trouve qu'il est absolument nécessaire pour les fonds de pouvoir écraser le ton afin de le rendre d'un travail fin, à cause de son plan, quelque vigoureux qu'il soit comme ton ; de même pour les eaux, et alors, si le grain du papier donne dans les fonds le même travail qu'au premier plan, il vous force à laisser dans tout votre paysage des aspérités blanches pour toutes les lumières si différentes entre elles ; vous n'aurez plus ni pla ni valeurs, car ce grain blanc rendra aussi bien le jaune que le vert, le ton sourd que le ton brillant ; de plus, nous tombons dans le procédé, et le côté pictural disparaît.

Certes ce défaut n'enlèvera pas le goût qui

aura présidé au choix du motif, ni l'élégance dans la forme, qui sont les qualités principales de mon collègue dans le genre du fusain, Maxime Lalanne; seulement le peintre ne pourra y trouver son compte, car les valeurs n'y seront plus respectées, et, comme nous l'avons dit dans notre chapitre sur les valeurs, sans elles rien n'est vrai; de plus le fusain, qui peut prétendre aux ressources de la palette, reprend un rôle secondaire dans la série des à peu près des croquis, etc.....

DES MOYENS

DES MOYENS.

Tout en repoussant bien loin le mot de procédé
qui va si peu à une production de l'art, je veux
néanmoins que cette brochure puisse servir de
guide à celui qui, sachant un peu dessiner, n'a
jamais employé le fusain, et qui, par conséquent
se trouve un peu embarrassé les premières fois.

Je crois d'abord que, quand on est installé pour
avoir un châssis ou un stirator, le papier tendu
sur l'un ou l'autre est toujours plus agréable à
travailler que sur les blocs ou tout autre moyen.

La souplesse du papier tendu empêche, ce qui
dans les commencements arrive souvent, les séche-
resses et la dureté ; de plus, comme je trouve que
tous les fusains fixés par derrière le sont toujours

d'une manière plus inaltérable, c'est le seul moyen de pouvoir le faire.

Quant aux papiers, je n'y reviendrai pas; car j'ai déjà eu à regretter de ne pas être de l'avis de mon cher collègue Lalanne, qui, du reste j'en suis sûr, ne m'en voudra pas, sachant à quel point j'estime son talent et la beauté de ses eaux-fortes.

Seulement c'est ma conviction, je devais donc le dire, et je crois qu'un papier d'un grain régulier et peu fort vous met plus à même de simplifier le travail et d'éviter ces lumières qui, étant le résultat des grains forts, se trouvent avoir la même valeur à tous les plans et pour tous les tons.

Je me trouve forcé de vous renvoyer à mon chapitre sur les valeurs, afin d'éviter de me répéter et de prolonger inutilement ce chapitre.

Je répéterai ici, car c'est très-important, qu'une fois son paysage mis en place, et ses principales masses établies, si on a un noir vigoureux à obtenir, il faut l'attaquer du premier coup; sans cela, si au lieu de poser le fusain vous le frottez et tentez d'y arriver progressivement, vous rougissez votre noir et perdez votre vigueur.

Si dans le ton que vous avez répandu pour votre ciel il y a un peu de grain et que vous désiriez avoir des finesses pour rendre certains tons fins de nuages, ou de l'horizon, vous y arriverez facilement avec l'estompe de peau ; quant aux lumières, inutile de vous dire que c'est avec de la mie de pain bien pétrie et mise en boulette, que vous pouvez les enlever.

Si vous voulez arriver à un travail plus fin encore pour des fonds, ou pour rendre la limpidité ou la transparence de l'eau, vous emploierez de la moelle de sureau taillée en estompe si vous voulez dessiner certaines formes avec, ou taillée à plat si vous voulez seulement changer la qualité d'un grand ton.

Dans ce cas vous devrez vous défier de pousser trop à la vigueur le grain que vous aurez ainsi écrasé, car plus on aplatit le grain de son papier, plus les tons deviennent vigoureux au fixatif.

Maintenant, quand, votre paysage étant avancé, vous désirez avoir des détails dans la demi-teinte

qui par conséquent viendraient trop blancs avec
de la mie de pain, surtout quand on n'a pas encore
une grande habitude de l'employer, vous pouvez
employer un grattoir avec lequel, dans le noir et
dans les empâtements du fusain, vous pouvez
dessiner des détails comme des gris de rochers,
des herbes, des plantes, des roseaux et de ces
tons argentins, comme on en a souvent à rendre
dans l'écorce des troncs d'arbres, dans l'ombre.

Je ne veux pas m'étendre plus longtemps sur
ces moyens, car les meilleurs seront toujours ceux
que l'on trouvera soi-même, et ils sont tous bons
du moment qu'on est arrivé à un résultat sérieux,
je veux dire à faire un dessin coloré juste dans sa
forme et dans ses valeurs.

Je ne crois pas non plus nécessaire de m'étendr
sur la manière de fixer son dessin une fois achevé ;
il est tout naturel de retourner son châssis, et,
répandant du fixatif sur l'envers de son dessin, de
l'étendre avec un petit pinceau plat.

DU FUSAIN

COMPARÉ A LA MINE DE PLOMB

DU FUSAIN

COMPARÉ A LA MINE DE PLOMB.

Je ne veux pas faire ici la critique du dessin à
la mine de plomb, ce n'est nullement mon but.
D'abord ce crayon a rendu, dans certains cas, de
grands services et est appelé dans l'avenir à se
trouver souvent plus commode que tout autre
moyen, par le peu d'embarras qu'il donne au
voyageur, ensuite par son application facile, pour
prendre sur un album la silhouette d'uné ville,
d'un paysage, ou une note pour un détail de forme
ou de premier plan.

Seulement, voulant toujours considérer le des-

sin comme une reproduction de la nature autant
par le ton et les valeurs que par la forme et la
place des objets, je ne peux l'admettre que comme
un moyen de peindre d'une manière monochrome;
c'est là où je me trouve forcé de reconnaître l'in-
suffisance de la mine de plomb, et je vais vous le
prouver.

Vous êtes en voyage, vous avez l'album tradi-
tionnel, chargé de rapporter les souvenirs, les
croquis, les silhouettes des villes que vous avez
vues, traversées ou explorées, le mélange enfin de
costumes, de clochers, de chaînes de montagnes,
de notes d'hôtel, tout ce qui constitue l'album de
l'amateur ou du touriste.

Mais un jour vous vous trouvez dans la plaine,
dans la montagne ou dans la forêt, frappé d'un
paysage dont la qualité est surtout dans l'effet. Si
votre effet est dans la plaine, par exemple, et que
vous voyiez, comme Troyon l'a si bien rendu, de
beaux animaux se détacher, éclairée par le soleil,
sur un ciel vigoureux, il vous faudra travailler

longtemps, et sans succès, avec vos crayons de mine de plomb, car il sera nécessaire de ménager tous les clairs que vous aurez à obtenir; et quant au ciel, à moins d'être d'une grande adresse, il vous sera bien difficile d'arriver à des vigueurs, au modelé et à la lumière des nuages.

Avec le fusain, vous indiquez votre ciel et vos terrains, et, soit que la note lumineuse soit sur un des animaux ou dans le ciel, avec une touche de mie de pain vous établissez de suite la gamme de vos tons.

Si votre effet est dans les montagnes, pensez à ce qu'il vous faudra de temps et de patience pour rendre tous les plans et les détails principaux des rochers, si bien que vous commencerez à mettre de la couleur à votre paysage, juste au moment où l'effet qui vous l'aura fait choisir sera passé.

Au contraire, au fusain, vous établissez tous vos plans par de grands tons simples et plats, puis avec l'estompe de peau ou la mie de pain vous

enlevez dans la masse les parties de rochers ou
de montagnes qui sont reflétées ou frappées par la
lumière. Quant aux premiers plans, si peu qu'on
ait manié le fusain, on sait dans ce cas les ressources qu'il offre.

Si c'est en forêt que vous êtes frappé d'un bel
effet dans une futaie, un dessous de bois, la mine
de plomb est encore plus incomplète à rendre la
nature ; avec le fusain vous arrivez vite et facilement à ces effets qui se produisent sous la feuillée
où un rayon de soleil vient frapper le terrain ou
illuminer par place les écorces rugueuses du chêne,
ou, au milieu des mousses verdoyantes d'un hêtre,
vient argenter d'un vif éclat sa robe blanche et
luisante.

Je sais bien que l'amateur se contente la plupart du temps de rapporter quelques lignes, qui
lui rappellent une bonne impression, une belle
silhouette, mais je m'adresse surtout à celui qui
sera soucieux de produire, avec les renseignements
qu'il peut prendre en voyage, soit des peintures,

soit des dessins sérieux ayant, par conséquent, les tons et les valeurs.

Si ce dernier ne rapportait que des lignes sans effets, il serait bien embarrassé d'en tirer un autre parti que celui de les laisser comme feuille d'album, comme souvenir; car, s'il voulait s'en servir en y mettant l'effet, il faudrait qu'il fût d'une certaine force, qu'il eût bien la mémoire des tons et l'habitude de donner aux objets leurs valeurs probables; mais dans ce cas-là je ne m'adresse plus à ce dernier, car je n'ai rien à lui apprendre.

DU CHOIX DU MOTIF

ÉTUDE SUR LA MANIÈRE DE VOIR LA NATURE

DU CHOIX DU MOTIF

ÉTUDE SUR LA MANIÈRE DE VOIR LA NATURE.

Le titre de ce chapitre pourra de prime abord sembler bizarre, car, si la personnalité, le goût, le tempérament, doivent avoir leur liberté, c'est surtout dans le choix du motif.

Tel aime l'étendue et ses plans infinis, tel autre, au contraire, préfère les effets saisissants d'un premier plan, soit dans sa forme, soit dans son effet, soit dans sa couleur. Un peintre aimera les pays frais comme la Normandie, recherchera les verts brillants de ces grands herbages couverts d'animaux aux tons éclatants ; tel autre préférera les montagnes et leurs sauvages accidents, le torrent roulant ses eaux au milieu des pierres, des sapins et des mousses.

D'autres encore rechercheront ce que nous appelons le caractère dans la nature et iront s'isoler dans les marais de la Sologne ou sur les âpres et si belles côtes de la Bretagne.

Par conséquent, ce n'est nullement le goût ni les tendances pour un pays ou un autre, et nous avons autour de nous, dans nos tableaux modernes, la preuve que l'on peut faire de bonne peinture avec un coin de nature comme ce qu'on appelait anciennement un motif incomplet.

Un de nos peintres distingués, et qui peut, à mon avis, être mis à la tête du paysage au fusain, je veux parler de mon collègue Appian, de Lyon, nous a montré ce que l'on pouvait mettre de poésie et de style dans de simples reproductions des bords de l'Isère, de la vallée d'Optevoz et des rivages du lac du Bourget.

Ce dont je veux parler (et qui, je crois, peut être

utile à celui qui, connaissant les moyens, n'a pas encore eu l'occasion de les employer d'après nature), c'est, une fois le pays choisi, la manière de ne pas y perdre son temps à chercher inutilement des motifs complets, et à exécuter de préférence ce qui dans son avenir pictural pourra le plus servir à compléter son éducation.

Les premières fois que l'on se trouve d'après nature dans la campagne en quête d'un motif, on est généralement poussé à chercher ce qui rappelle les paysages que l'on a copiés ; je crois cela très-mauvais, car cela menace de vous ôter dès le commencement toute votre naïveté et votre personnalité ; au contraire, il faut tâcher d'oublier ce qu'on a fait, ce qu'on a vu, et ne garder que la facilité que l'on a pu acquérir à produire ce qu'on a devant les yeux.

Se laisser surtout aller aux charmes, soit de la forme, soit de la couleur, qui nous arrêtent devant un sujet qui nous semble beau à interpréter. Une phrase que l'on doit se graver dans la tête et se répéter souvent, c'est, une fois que l'on a choisi son motif, la nécessité de voir simple.

Pour cela, les premières fois choisissez de préférence des sujets où les plans s'accusent bien et l'effet s'accentue dans un seul endroit du paysage.

Voyez le moins de détails possible, et si vous avez un objet, groupes d'arbres, maison, etc., qui offre l'intérêt principal, tâchez de le centraliser, nous basant sur la lentille qui a plus d'un rapport avec l'œil; ce qui s'éloigne du foyer, autrement dit du centre, doit perdre d'intérêt et d'accent.

Si vous avez un brillant, ne le choisissez donc pas dans les côtés ou dans les coins, j'oserais presque dire négligez les bords de votre dessin au profit du centre.

Comme vous devez le penser, je n'ai voulu donner ici que quelques conseils qui peuvent guider un peu le débutant, mais sitôt sorti des difficultés matérielles des premiers essais, il faut se laisser aller et n'écouter que son sentiment; on doit être toutefois bien pénétré des grandes lois qui doivent présider à toute œuvre picturale sa forme et les valeurs.

Je reprends donc mon débutant pour lui conseiller dans les commencements de s'attacher à rendre de grands morceaux de nature qui le mettront de suite à même de comprendre l'étude des rapports qu'ont les tons entre eux et de ne se laisser aller à faire des ensembles que lorsqu'il sera bien débarrassé des hésitations premières dans le travail, afin de pouvoir donner à son dessin toutes les variétés nécessaires demandées, par les plans différents, et auxquelles le fusain se prête si bien.

Maintenant, cher lecteur, permettez-moi de vous abandonner à la nature, et si ces quelques lignes ont pu vous servir un peu, je regretterai moins d'avoir osé les écrire.

ALLONGÉ.

PARIS. — J. CLAYE, IMPRIMEUR, 7, RUE SAINT-BENOIT. — [1204]

[illegible]

9 782019 964528